Margarete Rettkowski-Felten

Ideen aus Licht und Farbe

Werkstattheft 2

Transparente Fensterbilder

HERDER

FREIBURG · BASEL · WIEN

Eine Werkstatt für eigene Ideen

Dieses Heft bietet den Leserinnen und Lesern Einblicke in eine Werkstatt voller Ideen zum Thema Transparente Objekte. Nicht das fertige, perfekte Produkt steht hier im Mittelpunkt. Anregungen zum schöpferischen Arbeiten mit Kindern und eine Fülle von Tipps und Tricks machen den Werkstattcharakter aus. Vielfältige Materialien sollen neugierig machen und lassen ungewöhnliche Einfälle entstehen, die schnell und unkompliziert umgesetzt werden können. Dieses anregende Werkstattgeschehen bietet einen Einblick in die Materialfülle, die mögliche Arbeitsstätte, das Werkzeug und verschiedenste Hilfsmittel, unterschiedliche Techniken und nicht zuletzt handwerkliche Kniffe, denn getreu dem Motto „Handwerk hat goldenen Boden" nehmen die Fähigkeiten und Fertigkeiten handwerklicher Kompetenz eine wichtige Stellung ein.

Doch auch altbewährtes „Handwerk" darf sich nicht mit dem Reproduzieren von ewig gleichen Mustern zufrieden geben, es muss wandlungsfähig sein, muss neue Produkte erfinden und entwickeln können. Erfindungsreichtum und Fantasie, Mut zum Experiment und die Fähigkeit, Neues auszuprobieren, eigene Vorstellungen zu entwickeln und unbekannte Wege zu gehen sind also genauso gefragt.

Bei der Weiterentwicklung oder Erfindung neuer Produkte und der Umsetzung eigener Ideen ist Kreativität gefordert. Aber auch kreatives Denken und Handeln will gelernt und geübt sein. Sich auf ein Abenteuer einzulassen, dessen Ende ungewiss ist, entspricht nicht althergebrachten Verhaltensweisen, es erweitert aber den Horizont, das Vertrauen in die eigenen Fähigkeiten. Als hilfreich und anregend in diesem Sinne verstehen sich die Werkstatthefte.

Was das Werkstattheft leistet

Zusammenfassend werden mit dem Werkstattcharakter zwei Hauptaspekte bzw. Themenfelder deutlich.

1. Handwerkliches Können, Techniken, Bedingungen und Voraussetzungen, Arbeitsplatzgestaltung, Werkstatteinrichtung, Materialbearbeitung, -beschaffung und -lagerung, Werkzeugpflege und Aufbewahrung, Hilfsmitteldepot und Kleidung.

2. Kreative Fähigkeiten mit ihren Möglichkeiten „über den Tellerrand zu schauen", Einblicke in schöpferische Prozesse zu erhalten, alle Veränderungen im Entstehungsprozess eines Werkes zu verfolgen, kurz: einen Blick in die „kreative Hexenküche" zu werfen.

Der Werkstattaspekt des Heftes bietet also die Möglichkeit, die kreative Entwicklung von Produkten und deren Ausgestaltungsprozesse mühelos zu verfolgen. Durch diese anschauliche Teilhabe werden eigene Ideen angeregt und deren Verwirklichung angestoßen.

Beobachten, wie ein Werk entsteht, heißt, den ganzen Prozess von der kleinsten Idee bis zur Fertigstellung zu verfolgen. Dabei findet ein

Inhalt

ganzheitliches Erleben statt, wenn das Material in all seinen Erscheinungsformen und Eigenheiten dargestellt wird und die Möglichkeiten der Bearbeitung und Gestaltung umfassend ausgelotet werden. Diese ganzheitliche Arbeitsweise steht in angenehmem Kontrast zu den üblicherweise zerstückelten Handlungs- und Erlebniseinheiten, denen sich Erwachsene wie Kinder heutzutage meist ausgesetzt sehen. Eine Fülle von Tätigkeiten und Handlungen werden beim Gestalten vorgenommen und alle Sinne sind dabei miteinbezogen. Ein Werk entsteht durch Umformen, Verändern, Verwandeln, Abändern, Ergänzen, Verwerfen, Neukonzipieren, Konstruieren, Ansetzen, Überdenken, Analysieren ... und wenn es schließlich fertiggestellt ist, sollte auch das Begutachten und Würdigen nicht zu kurz kommen.

Nicht das Nacharbeiten gemäß einer Vorlage oder Schablone ist das Anliegen des Heftes, sondern die vielfältigen und ungewöhnlichen Materialien. Sie bilden die Grundlage kreativen Gestaltens. Nicht nur das fertige Produkt zählt, sondern die originelle Idee oder der spontane Einfall laden zum schöpferischen Experimentieren ein.

Zum Thema dieses Heftes

Vermittler zwischen innen und außen

„Transparente Fensterbilder aus Alltagsmaterial. Arbeiten mit Licht und Farbe". Schon im Titel werden verschiedene Aspekte der Betrachtung deutlich, wie etwa: „Was ist das Besondere an Fenstern und welche Gestaltungsmöglichkeiten bieten sie?"

Fenster sind die Verbindungselemente zwischen Außenwelt und Innenräumen. Sie geben den Blick frei zum Hinausschauen, im Innenraum sorgen sie für Helligkeit. Je nach Tageszeit oder Wetter verändert sich das Licht in den Räumen und wirkt auf Gefühl und Stimmung der Bewohner. Aber auch der Ausblick bleibt nicht ohne Wirkung. In den Städten vermitteln die Mauern der umgebenden Häuser oft ein trostloses Bild. Hier sind Fensterbilder eine erfreuliche Abwechslung vom „grauen Alltag".

Aufhellende Farbigkeit

Transparente Fensterbilder verändern die Eintönigkeit der Mauern durch ihr buntes Licht. Vor allem in der kalten Jahreszeit verändert farbiges, warmes Licht die Räume und schafft eine angenehme Atmosphäre. Der Blick nach draußen in die erstarrte Natur oder auf die kalten Mauern der Umgebung wird gebrochen durch leuchtende Farbspiele, die sich auf den Wänden spiegeln und im Verlauf des Tages mit dem wechselnden Einfall des Sonnenlichts langsam durch den Raum wandern.

In Abhängigkeit von der Lage der Fenster, ihrer Größe und Form sowie vom Lichteinfall – je nach Tageszeit, Wetter und Jahreszeit – und von der Beschaffenheit der Wände ergibt sich eine breite Vielfalt von Möglichkeiten, wie durch die farbige Gestaltung von Fensterbildern Raumeindruck und Atmosphäre verändert werden können.

Anregendes Spiel mit Licht und Farbe

Grundsätzlich stellt sich die Frage: Warum sollen Fenster gestaltet werden? Welchen pädagogischen Wert hat das?

Hier kann beispielsweise die Reggio-Pädagogik Denkanstöße geben. Sie postuliert, dass das Farbige die Dinge verändert. Durch Spiele mit farbigem Licht erscheinen die Dinge unterschiedlich in vielfältigen Oberflächenfarben und Strukturen. Der Wechsel zwischen verschiedenen Erscheinungsformen fördert die Wahrnehmung und – im Abstrahieren und Wiedererkennen – die Denkfähigkeit. Licht und Farbe wecken außerdem Gefühle und regen zu sprachlichem Ausdruck und Kommunikation an.

Die Beschaffenheit der vielfältigen transparenten Materialien mit ihren unterschiedlichen Eigenschaften ermöglichen elementare Erfahrungen, sie prägen das Vorstellungsvermögen und unterstützen die Fantasiebildung.

In diesem Sinne ist ein Fensterbild ein „Objekt als vielseitiger Lehrmeister eines vielseitigen Kindes". Spiele mit farbigem Licht fördern die Ausbildung der Sinne als Fühler zur Außenwelt; die breite Skala des farbigen Lichtes im Farbspektrum schult das Auge mit Abstufungen und Schattierungen unterschiedlichster Art. Wahrnehmungsmuster bilden sich aus, die den Erscheinungsformen Sinn und Zusammenhang geben. Ein graues Haus erscheint zum Beispiel rosa, wenn man durch eine rosa Folie schaut – und doch bleibt es dasselbe Haus. Die Farbe lässt es freundlicher erscheinen, ändert aber die Grundstruktur und Funktion des Hauses nicht. Vielfältige optische Reize erwecken Neugier und Kreativität und erhalten die Erlebnisfähigkeit. Die Bereitschaft zur Konsumhaltung wird abgelöst durch Beobachtungen und Erfahrungen, die zu Eigeninitiative und Erfindungsreichtum führen.

> Die Dinge der Welt haben viele Gesichter und verändern sich im Spiel mit Licht und Farbe.

Erste Versuche

Wahrnehmungsübungen

Vor dem eigentlichen Gestalten von transparenten Fensterbildern kann der Umgang mit Materialien und Techniken ausprobiert und spielerisch geübt werden, beispielsweise durch

- freies Experimentieren mit transparenten Alltagsmaterialien vor dem Fenster
- Spiel mit farbigen Folien aus dem Haushalt oder Büro, z. B. farbige, transparente Hefter oder Plastiktüten
- Experimentieren mit Silberpapier, Reste von Alufolie, alten Spiegeln usw.
- Licht- und Schattendeuten
- Raumspiegelungen mit Bewegung
- Schattenspiele
- Beobachten von Wolkenveränderungen und Licht
- Assoziationsspiele, Figuren entdecken
- Fantasiereisen

Alltägliches mit kreativem Potenzial

Welche Möglichkeiten bieten transparente Alltagsmaterialien? Warum werden überhaupt Alltagsmaterialien verwendet?
Beim kreativen Arbeiten ist der Prozess des Umdeutens und Umgestaltens von vorgegebenen, bekannten Materialien wichtig. Damit bekommen Dinge aus der Alltagswelt eine neue Dimension, sie werden quasi zu einem neuen Leben erweckt. Auch und gerade Wegwerfprodukte wie Flaschen und Verpackungsmaterial werden in diesem Verwendungszusammenhang plötzlich wertvoll. Materialien auf diese Art und Weise zu neuem Leben zu erwecken, heißt weg von Konsumhaltung und schablonenhafter, vorgegebener Bastelarbeit hin zu Spaß an neuen Erfindungen und Neugier auf das unerwartete Produkt, das am Ende nach den eigenen Ideen entstanden ist.
Alltägliches aus dem konventionellen Zusammenhang herauszunehmen und ihm eine neue Deutung oder Funktion zu geben, ist eine wichtige kreative Leistung. Die Dinge des normalen Lebens einmal anders sehen, sie umdrehen, auf den Kopf stellen, auseinander nehmen, verrücken und verändern, erfordert Mut und Flexibilität.

> Je mehr Eindrücke wir speichern, desto mehr melden sich Gedankenverbindungen.

Wahrnehmungs- und Gestaltungsleistungen

Worin liegt der pädagogische Wert dieser vielfältigen Materialerfahrungen?

Eine Sinnesschulung erfolgt schon bei der Auswahl der Materialien anhand der Frage: Was bedeutet Transparenz? So wird zunächst unterschieden zwischen transparenten und nicht transparenten Materialien und dem Grad ihrer Transparenz. Experimente am Fenster zeigen, welche Materialien sich eignen und lichtdurchlässig sind.

Materialerfahrung ist die Grundlage aller Denkprozesse, Fantasieentwicklung und Kreativität, deshalb sollte viel und vielfältiges Material zum kreativen Gestalten bereitgestellt werden.

Wer viel erlebt, dem wird viel einfallen.

Anregungen und Reize aus der Außenwelt sind der Motor von Entwicklung. Sie prägen Vorstellungen und Erfahrungen und formen das „Bild", das jeder von der Welt hat. Bei vielfältigen Reizen ergeben sich Gedankenverknüpfungen und neue Verbindungen. Die Fähigkeit, Bekanntes mit Neuem zu verbinden, neue Aspekte aufzunehmen und gesichertes Wissen immer wieder in Frage zu stellen bzw. zu erweitern, sollte spielerisch und auf ungezwungene Weise geübt werden, da sie entscheidend das Denkvermögen und die Gefühlswelt beeinflusst.

Intelligenz entwickelt sich durch Vernetzungen und unter Einbeziehung der unterschiedlichsten Bereiche des Gehirns. So kann zum Beispiel ein bestimmter Duft die Erinnerung an ein schönes Erlebnis wecken und eine Farbe die Erinnerung an einen besonderen Klang oder eine schöne Musik.

Die Fähigkeit der bewussten, freien Gedankenkombinationen ist eine kreative geistige Tätigkeit, denn Kreativität ist ein Prozess des Erfindens neuer, bisher unbekannter Verbindungen aus gespeichertem Wissen und dem Unbewussten.

Techniken schöpferischen Denkens

Ideen können organisiert werden. In der Kreativitätsforschung sind viele Strategien entwickelt worden, wie schöpferisches Denken zu fördern ist. Für das praktische Arbeiten an transparenten Fensterbildern empfiehlt sich eine Checkliste mit Denkmethoden, die zu ungewöhnlichen und innovativen Lösungen führt. Hier die wichtigsten Methoden (nach Osborne):

• Einen Gegenstand anders verwenden.
• Was ist so ähnlich?
• Modifizieren: Was lässt sich wie verändern?
• Magnifizieren: Wie kann ich alles vergrößern?
• Substituieren: Was kann man durch etwas anderes ersetzen?
• Rearrangieren: Was kann ausgetauscht werden?
• Umkehren: Wie ist es mit dem Gegenteil?
• Kombinieren: Was kann man zusammenbringen?

Checklisten sind bewusste Methoden, die zur Erfindung neuer Ideen angewendet werden, sie ersetzen aber nicht alle intuitiven Wege, Bilder, Empfindungen und Assoziationen. Kreativität kann nicht auf Knopfdruck funktionieren. Manchmal ergeben sich Zusammenhänge ganz plötzlich und wie von selbst.

Wie kann kreatives Denken geübt werden?

Kreatives Vorgehen findet in einer Abfolge von verschiedenen Phasen statt, die charakteristisch sind für die Strategie des kreativen Problemlösens. Dabei ist es zunächst wichtig, die Abfolge der Phasen zu kennen und einzuüben, später verläuft der Prozess wie von selbst und kann frei gesteuert werden.

Die graue Theorie soll an einem konkreten Beispiel verdeutlicht werden. In diesem Fall dient als spielerische Einübung das Problemfeld: „Wie kann ich ein transparentes Fensterbild herstellen?"

Der kreative Prozess verläuft hier in folgenden Phasen:

1. Problemphase
Wie erhalte ich ein transparentes Fensterbild?

2. Suchphase
Welches Material eignet sich für das Fenster, welches ist transparent, welche Alltagsmaterialien eignen sich für Umdeutungsprozesse? Wie kann das vorgegebene Produkt verändert werden? Welche Hilfsmittel, Werkzeuge, Materialien sind dazu nötig?

3. Lösungsphase
Das Aha-Erlebnis, der kreative Funke bzw. die zündende Idee.

4. Verwirklichungsphase
Durch Experimentieren und viele Versuche entsteht das neue Produkt.

Wichtig ist bei dieser Arbeitsmethode eine lange Suchphase mit viel Zeit für das Experimentieren. Dabei sollen Veränderungen kritiklos zugelassen und Hemmschwellen überwunden werden.

Sammelstelle

An einem Ort im Raum, einer großen Glastür, wird eine große Folie erreichbar für die Kinder an einem Stock befestigt. Hier können sie im Laufe einer Woche alle transparenten Materialien sammeln.

Lichteffekte und Farbmelangen

Die Wirkung von Farben

Farben mit allen Sinnen erleben, mit Licht und Schatten, bei hellem Sonnenschein oder mit Taschenlampen spielen und Lichteffekte zaubern, ist ein großer Spaß für jedes Kind. Die Leuchtkraft von Gelbtönen oder ein tiefes Blau versetzt Kinder in Träume und regt zu fantasievollem Spielen an. Farbe wirkt stark auf Menschen, auf ihre Gefühle und Stimmungen. Bei schlechter Laune kann man sich eine rosarote Brille herstellen und aufsetzen. Es gehen sogar heilende Kräfte vom Farbspektrum aus, was in der Farbtherapie Berücksichtigung findet.

Die Natur der Farben

Das weiße Licht der Sonne enthält alle Farben. Im Farbspektrum des Regenbogens oder in einem Wasserglas brechen sich die Strahlen. Mit einfachen Experimenten zur Lichtbrechung kann das Thema Licht und Farbe eingeleitet werden. Auch Beobachtungen in der Natur, etwa Tautropfen oder Pfützen, die das Licht brechen, oder verschiedenfarbige Blumen, die es unterschiedlich reflektieren, führen zu Fragen wie: Warum ist eine Rose rot? Warum ist Rot rot und nicht blau?
Solche Fragen ergeben sich bei der Beschäftigung mit Licht und Farben automatisch, und man sollte eine Erklärung aus dem Bereich der Farbphysik bereithalten: Weißes Licht fällt auf den Gegenstand. Ein Teil des Lichtes wird vom Gegenstand aufgenommen, der Rest strahlt zurück und wird vom Auge als Farbe wahrgenommen, das ist beispielsweise bei einer Rose ein Rot und bei Wasser Blau. Zu diesem theoretischen Aspekt können einfache Spiele durchgeführt werden:
• Mein Pullover ist gelb, welche Farben nimmt er auf und welche strahlt er zurück?
• Spielen mit Farbtäfelchen oder suchen von Farbtönen in der Umgebung.
• Farbtheater oder Schwarzlichttheater können angeregt werden.

Farbige Folienstücke

Spielen mit Farbfolien vor dem Fenster ist ein guter Einstieg in das Thema der transparenten Fensterbilder. Als Material eignen sich bunte Plastiktüten. Farbige Schnipsel oder Streifen werden ausgeschnitten und nach Farben in kleinen Schachteln gesammelt.
Es stellt sich heraus, dass bald eine bunte Palette entsteht, die zur weiteren Gestaltung auffordert: „Was kann man jetzt alles damit anfangen?"

Farbe in Bewegung

Ein neuer Aspekt ist die Verbindung von Farbe und Wind. „Wie kann Bewegung in die Farbfetzen gebracht werden? Wo hat man so etwas schon einmal gesehen: Farbe, die sich im Wind bewegt?" Dies sind z. B. Fähnchen auf der Kirmes oder bunte Fahnen bei Festumzügen. Als Thema bietet sich jetzt an: „Wir machen Farbfähnchen zum Spielen für draußen und drinnen!"
Was lässt sich noch aus Farbschnitzeln zum Spielen herstellen?

Farbspießchen

Eine einfache Möglichkeit ist das Aufspießen von Farbfetzen auf Zahnstocher oder Schaschlikstäbchen. Diese Farbspießchen können weiterarrangiert werden; in Knete gesteckt etwa ergeben sie hübsche Farbtupfer im Raum.

Farbfähnchen

Farbstreifen werden an ein Schaschlikstäbchen geklebt und es kann nach Herzenslust experimentiert werden. Die Fähnchen bewegen sich im Wind und laden zum Spiel und zu vielfältiger Verwendung ein: ein Farbenumzug, als Blumen ins Gras stecken oder an Bäume hängen.

Farben mischen

Durch das Übereinanderhalten von Farbfähnchen können „Mischspiele" durchgeführt werden. Die Fähnchen werden ganz langsam vor einem Fenster bewegt, sodass der Prozess des Mischens beobachtet werden kann.

Farbgirlanden

Farbschnipsel werden an einer Nylonschnur aufgereiht und ans Fenster oder in den Raum oder Garten gehängt.

Farbfantasiewesen

Größere Farbfolien aus Plastiktüten oder Anstreicherfolie werden durch Abbinden von Teilen zu Farbfeen, Farbhexen, Fabelwesen oder kleinen Farbkindern. Es lassen sich auch sehr fantasievolle Blumen binden. Aus Plastikgeschirr, Schaschlikstäbchen oder Trinkhalmen lassen sich einfach und schnell kleine Rahmen zur Präsentation erstellen.

Farbmühlen

Es werden Flaschenböden bunt bemalt und mit einer Dekonadel und Perle an einem Rundholz befestigt.

Farbräder

Aus Blumendraht, einer leeren Pappgarnrolle, Folienstreifen oder ähnlichen Materialien wird ein Windrad erstellt. Befestigt wird es mit einem Nagel und einer Perle an einem Rundholz. Im Wind dreht sich das Rad.

Kreative Aspekte
• Wahrnehmen von Farbveränderungen im Licht und in Bewegung, Mischen.
• Mit Farben im Spiel agieren.
• Freies plastisches Formen nach Fantasie.
• Ideen entwickeln zur Raum- und Gartengestaltung
• Umformen, neu arrangieren, kombinieren.

Für kleinere Kinder

Farbmobiles mit beruhigenden oder anregenden Farben, die sich im Luftzug bewegen, können im Raum zur Wahrnehmungsförderung aufgehängt werden. Farbe, Licht und Bewegung sind optimale Reize aus der Umwelt zur Schulung der Wahrnehmung und Aktivierung der Aufmerksamkeit.
Eine andere einfache Möglichkeit, für Kleinkinder elementare Farberlebnisse zu schaffen, bieten folgende Techniken:

Farbwunder in Prospekthüllen
In eine Prospekthülle wird nicht zu dünn angerührte Ostereierfarbe gegeben. Die stabförmige Ostereierfarbe wird zuvor vor den Augen des Kindes herausgenommen und in einem Gläschen mit heißem Wasser verrührt. Die Farbe ist ähnlich ungiftig wie Lebensmittelfarbe und darf vom Kind angefasst werden. Die Prospekthülle wird leicht aufgehalten und die Farbe durch langsames Schütten darin verteilt. Zur Sicherheit kann die Hülle mit einem Klebestreifen am offenen Ende zugeklebt werden, sodass die Farbe nicht herausfließen kann.
Nun kann mit der Hülle gespielt werden. Die Farben fließen ineinander und verändern sich fortwährend. Nach einiger Zeit trocknen sie ein und man erhält ein leuchtendes Fensterbild. Die Farbe erstarrt bei Kälte und wird flüssig bei Wärme. Es empfiehlt sich, bei zu flüssiger Farbe die Hülle zum Abkühlen in den Kühlschrank zu legen. Anschließend ist die Hülle wieder einsatzbereit. Am besten nimmt man zwei schöne, kontrastreiche Farben, die sich gut mischen.

Farbiger Nachtisch
Für Kleinkinder eignet sich Wackelpudding, auch „Wackelpeter" genannt, dazu, Farberlebnisse zu vermitteln. Als Nachtisch oder süße Pause zwischendurch serviert und auf Tellerchen gestürzt, spiegelt sich das Licht in der Puddingmasse. Beim Löffeln des Wackelpuddings lassen sich Lichtbrechungen und -reflexe beobachten und Farbe wird in ihrer Brillanz und Vergänglichkeit erlebbar.

Tischsets als Impulsfensterbilde

Impulse setzen

Mit ihrer Leuchtkraft in den Farben und plakativen Motiven sind transparente Tischsets aus Plastik eine willkommene Abwechslung im alltäglichen Einerlei.

Manchmal reicht die Zeit nicht aus, um auf die Schnelle Farben und alle notwendigen Materialien für die sorgfältige Gestaltung eines Fensterbildes zu einem aktuellen Thema zu beschaffen. In solchen Situationen bietet sich an zu überlegen, ob nicht ausnahmsweise ein gekauftes Tischset – das als Grundlage dient und kreativ umgestaltet wird – gute Dienste leisten kann. Die Motive eines solchen Sets können auch den Impuls geben, etwas Bestimmtes herzustellen oder sich mit einem Thema auseinander zu setzen, etwa:

• Heute machen wir Erdbeermilch!
• Wie sehen Äpfel innen aus?
• Gibt es nur rote Äpfel?
• Welche Frucht ist gelb und sauer?
• Welches Besteck nehmen wir heute zum Essen?

Wichtig ist, was entsteht

Auch vorgefertigte oder „schablonierte" Vorlagen können Auslöser zum eigenständigen und kreativen Arbeiten sein – wenn den Kindern klar gemacht wird, dass sie sich nicht an die vorgedruckten Linien und vorgegebene Farbgestaltung halten müssen, sondern etwas Eigenes daraus machen sollen. Impulse geben heißt, einen Anlass bieten, dabei aber Freiheit zum eigenen Denken lassen; Ideen und Fantasie sollen sich frei entfalten können, nur die Richtung wird angezeigt. Impulsplakate haben also vielfältige Einsatzmöglichkeiten und einen breiten Aufforderungscharakter. Sie können den sprachlichen Ausdruck fördern, indem sie Anlass geben, eine Geschichte zu erzählen, Dinge zu benennen und Erinnerungen an Erlebnisse wecken. Impulse muntern dazu auf, sich nicht mit dem oberflächlich Sichtbaren zu beschäftigen, sondern zu erforschen, was in den Dingen steckt. Sie wecken Lust zur Erweiterung oder zur Verfremdung des Vorgegebenen, zum farbigen Aus- oder Übermalen und/oder Gestalten mit farbiger Knete. Vielleicht tauchen auch Liedzeilen oder Melodien auf und man fängt an zu summen. Rate- und Legespiele, die sich aus dem vorgegebenen Material spontan ergeben, ergänzen die Ideenliste.

Bei den vorgestellten Sets wird Neugierde geweckt durch eine einfache, klare Darstellungsweise; das sollte bei der Auswahl bedacht werden.

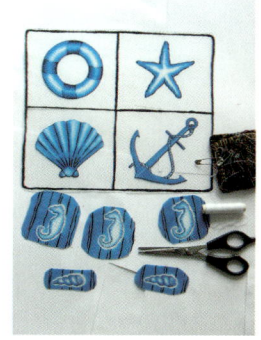

Für kleinere Kinder

Einfache Formen und Gegenstände, die auf Tischsets abgebildet sind, erkennt auch ein kleines Kind schon wieder. Hier zeigt sich eine frühe Form von Kreativität. Das Kind ist in der Lage, sich einen Gegenstand vorzustellen und in der einfachen Abbildung wiederzuerkennen. Mit der Vorstellung umgehen lernen und sie als einen Ersatz für die Wirklichkeit einzusetzen, ist nach Winnicott eine kreative Denkleistung. Sie bildet den Grundstein zu differenzierten Vernetzungen und Verbindungen in kreativen Prozessen.

Ein Wechsel zwischen Überschneidung und Unterscheidung von Außenwelt und inneren Bildern wird in der frühen Kindheit im Märchenalter ausgelebt, indem das Kind sich Fantasien überlässt und noch keine endgültige Trennung zwischen den beiden Welten vollzieht.

Handwerkliche Aspekte
• Schneiden mit stabiler Haushaltsschere.
• Stiche nähen mit großer Nadel und dickerer Kordel oder Garn.
• Verknoten des Fadens.

Kreative Aspekte
• Den Alltagsgegenstand anders sehen und verwenden, entfremden, umdenken.
• Teile verändern, adaptieren, magnifizieren, rearrangieren, kombinieren.

Plastiktüten zum Weiterspinnen

Sammeln, sichten, sich inspirieren lassen

Bei diesem Beispiel wird die Sammelleiden-
schaft angesprochen. Viele bunte Tüten werden
bereitgestellt und zur Betrachtung vor den Kindern ausgebreitet. Sofort entdecken die Kinder
Motive und Bilder auf den Tüten.
Spontane Zurufe wie: „Ich habe einen Hasen
entdeckt!", oder: „Hier sind Schuhe drauf!"
regen den Austausch über die Entdeckungen
an. Die Beispiele werden zusammengestellt
und geordnet.
Die Kinder können sich für ein Beispiel ent-
scheiden, das sie weitergestalten möchten,
indem Sie Geschichten erfinden oder an Erinnerungen denken. Mit angenehmer Musik
werden sie zum Träumen angeregt und lassen
ihre Fantasie spielen.
„Was kann man daraus machen?" Mit dieser
Frage beginnt fast jeder kreative Prozess.
Materialien werden gesichtet, Motive und
Farben wahrgenommen, es wird experimentiert.
Plötzlich ist der durchschlagende Einfall da,
beispielsweise: „Mein Hase frisst gerade Kohl."
Dann wird die Idee umgesetzt und je nach

Schwierigkeitsgrad und
Entwicklungsstand der
Kinder mit entsprechen-
den handwerklichen
Techniken umgesetzt.
Dabei gibt es verschie-
dene Möglichkeiten,
ein Bild zu ergänzen.

Bildideen erfinden

Die ausgewählten
Motive werden, wenn
nötig, ausgeschnitten
und auf einen mit Folie
bespannten Rahmen ge-
klebt. Ist kein Material
für einen Rahmen vor-
handen, nimmt man
eine Apfelsinenkiste und bereitet sie entspre-
chend mit den Kindern vor. Die freien Stellen auf
der Folie können jetzt mit vielfältigen Materialien
weiterbearbeitet werden: farbige Schnipsel,
Farbe, Kleisterfarbe mit zusätzlichen Materialien, anderen Motiven, Naturmaterialien usw.

Die Idee im Rahmen

Aus Astholz wird ein Rahmen in beliebiger
Form gebunden: Dreiecke, Sterne, Häuser usw.
Folie oder Bilder aus alten Tapetenbüchern oder
Zeitschriften werden aufgeklebt und weiterge-
staltet.

Gruppensalat

Die Motive werden mit Kleister oder Klebestift
auf glatte, festere Folie geklebt. Die Folie wird
anschließend an einem Stock z. B. mit Klammern aufgehängt. Diese Technik eignet sich gut
zur Gruppen- und Teamarbeit.

Bildmotive mit Kleister

Als Grundlage nimmt jedes Kind eine Prospekthülle. Verschiedene Schnipsel werden, nach
Farbe und Material geordnet, zurechtgelegt und
auf die mit Kleister eingestrichene Hülle mit
den Händen gedrückt.

Für kleinere Kinder

Kleinkinder versehen oft die gleichen Abbildungen in Sekundenschnelle mit anderen Bedeutungen. Sie legen sich in ihrer Fantasie noch nicht fest und wechseln schnell den Bedeutungszusammenhang. Diese Denkoperationen sind für das Kind außerordentliche kreative Leistungen und sollten gelobt und beachtet werden. Entdeckt das Kind Abbildungen auf einer Tüte, so kann dieses Bild mit unterschiedlichen Inhalten assoziiert werden. Ein Bild kann beispielsweise gleichzeitig „die Großmutter in der Küche", „die Mama beim Einkaufen" oder „Tante Trudi kommt" heißen. Diese Fähigkeiten sollten geübt, die Bilder ausgeschnitten und als Bilderfolgen auf Folie geklebt ans Fenster gehängt werden.

Handwerkliche Aspekte

- Erstellen von Rahmen aus Latten: sägen, schmirgeln, leimen, nageln.
- Aufspannen der Folie und tackern.
- Kleben mit Kleister, Klebestiften oder Tubenklebstoff.
- Malen mit Fingern oder Pinsel.

Kreative Aspekte

- Gedankenverbindungen herstellen.
- Assoziatives Denken, Fantasieentwicklung.
- Wecken von Erinnerungen und Erlebnissen.
- Sich auf neue Ideen einlassen.
- Neue Verbindungen und Vernetzungen erstellen, anders kombinieren.

Mosaike aus farbigem Licht

Altbewährte Technik

Mosaikbilder haben eine jahrtausendalte Tradition. In der Antike waren Tempel, öffentliche Gebäude und Villen mit ihnen geschmückt. Im alten Ägypten wurde kostbarer Schmuck aus Edelsteinen als Intarsie in dieser Technik verarbeitet. In vielen Kirchen und anderen Gebäuden, die die Zeit überdauert haben, kann die Mosaiktechnik noch bewundert werden.

Das Verfahren ist verblüffend einfach: Aus kleinen Elementen wird ein komplexes Bild zusammengefügt.

Für Farb-Licht-Mosaikbilder gilt die gleiche Technik. Transparente farbige Folienstückchen werden auf einen durchscheinenden Grund aus Anstreicherfolie, Prospekthüllen, Plastiktüten o. Ä.

befestigt. Das Licht der durchscheinenden Sonne lässt die Farben erglühen. Licht und Schatten sind deutlich sichtbar und es ergibt sich ein interessantes Farbenspiel.

Märchenobjekte

Ein Märchen ist in diesem Beispiel der Impuls zur Gestaltung. Einzelne Szenen werden von verschiedenen Kindern übernommen oder man entwickelt gemeinsam ein großes Gruppenbild mit fester Aufgabenverteilung.

Farben, die zu der vorgegebenen Situation passen, werden gesammelt. Als Fundus dienen unterschiedliche Alltagsmaterialien wie Plastiktüten, Mülltüten, Folienreste, Verpackungen von Obst, Fruchtnetze usw., die zu Schnipseln

zerkleinert und dann farblich sortiert werden. Eine große Apfelsinenkiste bzw., wenn die Kinder in Kleingruppen arbeiten, mehrere kleine Kisten werden mit Folie bespannt. Auf die Folie kann mit dünnem Fasermalstift von den Kindern eine Szene grob skizziert werden. Dann werden die Schnipsel mit den Klebestiften aufgeklebt.

An lichten Punkten im Raum aufgestellt, werfen diese Objekte farbige Lichtbilder, die ihn mit Atmosphäre erfüllen und die Fantasie anregen.

Farbpaletten

Aus verschiedenen Materialien, etwa aus Ästen, Stäbchen, Plastiklöffeln mit langen Stielen, Pappstreifen, biegsamem Draht o. Ä., werden kleinere, stabile Rahmen hergestellt. Mit Folien bespannt vermitteln die Rähmchen Anreize und Lust zum Anlegen von Farbpaletten: eine in Blautönen, dann ganz in Gelb oder auch kunterbunt gemischt.

Farbige Mosaik-Lupen

Kleine Paletten aus Bierdeckeln oder Pappkreisen sehen besonders reizvoll aus. Es werden aus je zwei Bierdeckeln bzw. Pappkreisen Rahmen ausgeschnitten und einer davon mit bunten Folien bespannt und gestaltet. Dann wird der andere von hinten dagegengeklebt. Hält man nun diese „Lupe" vor einen Text oder Gegenstand, so erscheint dieser bunt. Gibt man einen Wassertropfen auf die Plastikfolie einer Mosaik-Lupe mit heller Folienbespannung und

hält die Scheibe über einen Text, so erscheinen die Buchstaben unter dem Wassertropfen vergrößert.

Mosaikspiegel

Aus Kuchenpappen werden Farbmosaike hergestellt. In die Pappen werden große Löcher in verschiedenen Formen geschnitten und mit Folien gestaltet. Blickt man hindurch, so erscheinen die Gegenstände und Personen farblich verändert.

Für kleinere Kinder

Kleinere Kinder nehmen als Bildunterlagen feste Verpackungsteile von Gegenständen oder stabile Plastikdeckel aus Imbissstuben. Diese streichen die Kinder mit Kleister ein und bringen die Schnipsel durch Andrücken auf.

Handwerkliche Aspekte

• Schneiden mit geeigneten Scheren.
• Kleben mit Kleister und Klebestiften.
• Anfertigen von kleinen Rahmen je nach Geschicklichkeit durch Binden oder Tackern.
• Anfertigen von stabilen Holzrahmen.

Kreative Aspekte

• Entwickeln eigener Gestaltungsideen im kreativen Prozess.
• Ideenblitze und Farbblitze erleben, Assoziationen.
• Mut zu eigener Motivwahl und Verwirklichung.
• Auseinander nehmen und neu kombinieren.
• Modifizieren, verändern, neu erfinden.
• Vorstellungen entwickeln und Intuition.

Erstaunliche Lichtobjekte

Lichtbomben

Lichtbomben sind Objekte, die auf keinen Fall gefährlich sind. Sie besitzen die Eigenschaft, Licht und Farbe in unerwarteter Weise aufleuchten zu lassen.

1. Toilettenpapierrollen werden an einem Ende mit farbiger Folie zugeklebt. Beim Durchschauen erstrahlt die Welt in farbigem Licht.

2. In Toilettenpapierrollen werden mehrere Löcher geschnitten. Diese werden mit farbiger Folie überklebt. Damit die Farben besser leuchten, werden die Toilettenpapierrollen innen mit Silberfolie ausgekleidet (die Löcher bleiben ausgespart). Ein Ende wird mit Pappe fest zugeklebt. Beim Durchblicken ergeben sich Farbspiegelungen im Inneren, die voller Überraschungen sind. Man wendet diese Technik auch bei längeren und dickeren Papphöhren an.

Farbbomben

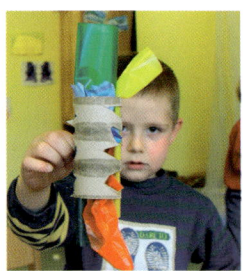

Haushaltsrollen werden an verschiedenen Stellen aufgeschnitten, durch die Löcher wird bunte Folie gezogen, die noch etwas bemalt werden kann. Die Folienstücke können wie ein Schweif oben und unten heraushängen. Am Fenster aufgehängt, sorgen sie für prächtige „Farbexplosionen."

Bunte Sylvesterbonbons

In Scheiben geschnittene Papprollen werden mit bunter Folie umwickelt, die an beiden Enden zusammengebunden wird. So entstehen riesige bunte Sylvesterbonbons. An einem Faden werden mehrere übereinander gehängt.

Pappscheibenkabinett

Papprollenscheiben werden mit bunter Folie beklebt. Die Scheiben können zu Tieren, Blumen, Fantasieobjekten etc. arrangiert werden. An einem Faden übereinander gehängt, ergeben sie ein abwechslungsreiches Lichtspiel.

Folienbonbons

Folien werden am Anfang und Ende zusammengebunden. In der Mitte können kleine Objekte oder farbiges Papier versteckt bzw. eingebaut werden. An einem Faden am Fenster aufgehängt, leuchten und schimmern sie in der Sonne.

Lichtspiralen

Papphöhren werden spiralförmig ausgeschnitten, etwas auseinander gezogen und mit farbiger Folie oder Transparentpapier, zur Rolle geformt, hinterlegt.

Kaleidoskop

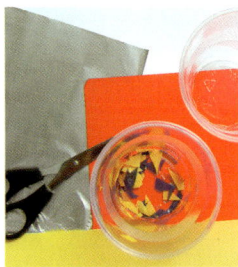

Zwei durchsichtige Plastikbecher werden ineinander gesteckt. Zuvor legt man vorsichtig festere Schnipsel z. B. von Plastikheftern bunt durcheinander in den ersten Becher. Dann wird der zweite Becher so in den ersten gesteckt, dass sich die Teilchen noch bewegen können. Um die Becher herum klebt man Alufolie und am oberen Ende kann ein Bierdeckel mit einem Loch in der Mitte befestigt werden. Schaut man durch das Loch im Bierdeckel, hält dieses Kaleidoskop vor das Licht und bewegt es leicht, dann sieht man schöne Farbspiele am Becherboden, die sich auch an den Wänden des Bechers spiegeln.

Lampenobjekte

Mit Kaninchendraht wird eine fantasievolle Form über eine hässliche Lampe geformt. Mit bunten Streifen von Plastiktüten o. Ä. wird der Draht bewebt. Es entsteht ein Farbwunder im Licht.

Lichtglocken

Eine perforierte Prospekthülle wird mit bunten Folien gefüllt. Durch den perforierten Rand wird eine bunte Kordel gezogen und festgebunden. An einem Ast ins Fenster gehängt, ergeben sie ein buntes Glockengeläute.

Für kleinere Kinder

Papprollen sind für Kleinkinder ungefährlich. Sie lieben es, Dinge hineinzustecken und verschwinden zu lassen. Durch Ziehen erscheint die Folie, Spitze oder Gardine wieder und das Spiel kann von neuem beginnen. Hat das Kind das Interesse am Spiel verloren, hängt man die Papprolle mit den an den Enden hervorquellenden farbigen Folien ans Fenster.

Handwerkliche Aspekte

• Ausschneiden von Pappe.
• Schneiden von Folien und Papieren.
• Kleben mit Klebestift, Tubenklebstoff und Klebefilm.
• Binden mit Wolle und Garn, knoten.
• Draht formen und befestigen.
• Weben und stecken.

Kreative Aspekte

• Aha-Erlebnisse, die zu Kommunikation anregen.
• Fantasieförderung durch ungewöhnliche Materialien und unbekannte Reize.
• Gestaltungsprozesse erleben und durchhalten.
• Umformen, neu arrangieren und kombinieren, modifizieren.

Verwandelbare Plastikflaschen

Ein ideales Medium

Leere Plastikflaschen ohne Pfand sind das Grauen jedes Mülleimers. Schon von daher ist zu überlegen, ob sie nicht noch eine andere, kreative Verwendung finden können. Mit ihrer farbigen Transparenz fordern Plastikflaschen dazu auf, zu Fensterobjekten umgeformt zu werden.
Die Leuchtkraft eines Plastikflaschen-Objekts ist abhängig von der Stärke der hinterlegten Lichtquelle und davon, wie intensiv die Plastikflasche in der Produktion eingefärbt wurde.
Zerschnitten und neu zusammengefügt, sind transparente Plastikflaschen für manche Überraschung gut.
Farblose Plastikflaschen können auch mit farbigem Wasser gefüllt, angemalt und beklebt werden.

Flaschenpost

Flaschen werden mit allerlei bunten, durchsichtigen, glänzenden und glitzernden Materialien gefüllt und fest verschraubt. Mit Tesafilm umwickelt, kann der Verschluss nicht mehr geöffnet werden. Die gefüllten Flaschen werden im Kreis herumgegeben und im Sonnenlicht oder vor einer Lampe betrachtet. Das gibt viele „Ohhs" und „Ahhs" vor Entzücken.

Flaschengespenster

Flaschen werden im Teil zwischen Hals und Boden zu Girlanden geschnitten. Hals und Boden werden mit farbigen Papieren und Folien geschmückt, indem sie jeweils in die Öffnungen hineingesteckt werden.

Märchenfeen und Eisprinzessinnen

Die Flaschen werden auseinander geschnitten und aus den Einzelformen Köpfe, Körper und anderes Zubehör wie Hüte gestaltet. Die Teile werden zu Fantasiefiguren zusammengefügt und mit durchsichtiger Folie dekoriert. Als Märchenfiguren hängen sie im Fenster und laden zum Geschichtenerzählen ein.

Blumenwiese

Aus den Böden der Plastikflaschen lassen sich wunderbare Blumen schneiden. Mit durchscheinender, glänzender Farbe bemalt oder mit Glanzpapierchen von Bonbons hinterlegt, ergeben sie eine bunte Blumenwiese. Die Wiese wird aus grünen Plastiktüten, angemalten Folien oder Seidenpapier von Verpackungen gestaltet.

Girlanden

Weiche Flaschen lassen sich rundum spiralförmig aufschneiden und so zu Girlanden verarbeiten.
Zur Abwechslung werden Flaschenhälse mit bunten Schraubverschlüssen oder Blumen aus den Böden dazwischen gehängt.

Flaschengeister

Flaschen werden am Flaschenhals mit Folien und anderen Materialien so gestaltet, dass es so aussieht, als ob Flaschengeister entweichen würden. Mit Kordel, Faden und Tesafilm werden die Objekte befestigt und in einer Geister- und Hexennacht mit Taschenlampen beleuchtet.

Für kleinere Kinder

Für Kleinkinder eignet sich die Technik des Ineinandersteckens. Gerne spielen sie mit Dosen und Schachteln. Hier gibt man ihnen durchsichtige, ungefährliche Materialien, die in der Flasche leuchtend erscheinen, glitzern und schimmern. Die Reize fördern die Wahrnehmung und die aktive Hinwendung zur Außenwelt.

Handwerkliche Aspekte
• Schneiden von weichen Flaschen mit der Schere.
• Binden und kleben.
• Stecken und nähen mit großer Nadel.
• Knoten und Schleifen binden.

Kreative Aspekte
• Verändern von vorgegebenem Material.
• Umdenken und anders denken.
• Neues erfinden, umformen neu arrangieren und kombinieren, modifizieren

Prospekthüllen-Geheimnisse

Ausgangsmaterial für Enthüllungen

Vielfältige, ungeahnte Möglichkeiten zur Gestaltung von Fensterbildern bieten Prospekthüllen. Es gibt sie halb geschlossen und auch nur an einer Seite offen zu kaufen. Sie sind preisgünstig und ein ideales Ausgangsmaterial für Fensterbilder.

Abklatschvariationen

Diese Technik hat eine lange Tradition in allen Kulturen. Die alten Chinesen kannten sie als Möglichkeit zur Inspiration, Leonardo da Vinci benutzte den berühmten Fleck an der Wand als Inspirationsquelle und Max Ernst drückte eine mit Farben bekleckste Pappe gegen die Leinwand. Die so entstandenen fantastischen und traumhaften Farben und Formen gestaltete er in seinen Bildern weiter.
Es gibt verschiedene Vorgehensweisen:
1. Eine Folienhälfte wird mit farbigen Zufallsmustern betupft, zugeklappt und angedrückt. Dann geöffnet, betrachtet und weiter gestaltet. Unter die Hülle legt man ein weißes Blatt Papier, um die Farben besser zu erkennen.
2. Ein Blatt Papier wird mit Zufallsmustern ganz gestaltet. Die Folie wird auf das Blatt gelegt, angedrückt und abgezogen. Das Ergebnis wird betrachtet und weitergestaltet.
3. Zwischen die Folie wird Farbe getropft, angedrückt und betrachtet.
4. Die Folie wird geöffnet und mit Farbklecksen versehen. Anschließend wird die Farbe langsam mit den Fingern zu fantasievollen Formen gedrückt.

5. Folie mit Kleister einstreichen und mit bunten Schnipseln oder Motiven von Plastikflaschen bekleben.

Fantasieobjekte

Folien werden zu Schmetterlingen oder Schleifen gebunden und angemalt. Sie können auch geknüllt und zu fantasievollen Objekten geformt werden. In die offene Seite können bunte Folienschnipsel oder Papiere gesteckt oder Farbe getropft werden. Die Objekte können auf Stäbchen gesteckt und festgebunden als Schattenfiguren verwendet werden.

Folienhäuser

Prospektfolien werden am gestanzten Rand auseinander geschnitten, geöffnet, zu fantasievollen Häusern zusammengelegt und angemalt. Fenster werden aufklappbar hineingeschnitten. Es gibt Häuser mit mehreren Etagen, Treppen und ganz unterschiedlichen Zimmern. Vielleicht entsteht eine ganze Straßenfront. Die Häuser können am Fenster aufgehängt und mit kleinen Stabfiguren bespielt werden.

Folienaktivbild

Eine Folie wird mit Schnipseln und geknüllter transparenter Folie gefüllt. Durch Schütteln ergeben sich immer neue Bilder, die zum Geschichtenerzählen anregen.

Prospekthüllenbuch

In einen selbst gestalteten Ordner werden gestaltete Hüllen wie in einem Bilderbuch abgeheftet. Es ergibt sich ein transparentes Buch. Jede Seite kann zum Thema werden und am Fenster erzählt werden. Jeden Tag wird etwas Transparentes aus dem Haushalt wie Zwiebel- oder Knoblauchschalen, getrocknete Apfelsinenschalen, getrocknete Blätter oder Bonbonpapierchen, Hefthüllen aus Plastik o. Ä. gesammelt und vielleicht nach Farben abgeheftet.

Schnittmuster

Eine Technik ohne Klebstoff. Man schneidet quer und längs Schnitte in die Hülle. Diese werden dann mit Streifen durchwebt. Eine bunte Folie hineingesteckt, ergibt ein abstraktes Farbenmuster. Es erinnert an die abstrakte Malerei von Piet Mondrian.

Handwerkliche Aspekte
- Handhaben von Farben und Pinseln.
- Binden und knoten.
- Falten und legen.
- Knüllen und freies Formen.
- Schneiden und kleben.

Kreative Aspekte
- Ein Alltagsprodukt anders sehen, umdenken und umformen.
- Assoziatives Denken in Bildern und Vorstellungen.
- Finden von Bildideen aus dem Unterbewussten und der Imagination.
- Spiele und Geschichten erfinden und spielen.

Lichtcollagen und -montagen

Kombinieren und entdecken

Der Begriff „Collage" ist von Künstlern des
20. Jahrhunderts geprägt worden wie z. B. von
Max Ernst oder dem Surrealisten Salvador Dali.
Das Wort stammt aus dem Französischen und
bedeutet so viel wie „ein geklebtes Werk".
Der spezielle Reiz einer Collage liegt darin,
dass verschiedene Bilder zusammengefügt
werden, die inhaltlich keinen Zusammenhang
haben. Durch das Zusammenfügen ergibt sich
ein neuer Inhalt. Bei Montagen tritt außer der
Malerei noch plastisches Material hinzu.
Das Prinzip der Collage und Montage wird angewendet, wenn es darum geht, Fantasie durch
Entfremden und Verändern zu entwickeln.
Collage und Montage sind Methoden des
Zusammensetzens von Dingen, die gar nicht
zueinander passen. So entstehen häufig die
berühmten „Murmelentenmäusefüßler".

Fantastische Gestalten

Motive werden ausgeschnitten und auf Folie
neu arrangiert. Mit Folienmalern, Schnipseln
oder Farben werden die Figuren in eine passen-
de Umgebung gesetzt.

Kleistercollagen

Zurechtgeschnittene stärkere
Folie wird mit Kleister eingestri-
chen. In den Kleister werden aus-
geschnittenene Motive oder
Farbschnipsel gedrückt.

Verrücktes aus Illustrierten

Bei dieser Technik
ist es auch erlaubt,
Motive aus Zeit-
schriften mit Folien-
schreibern auf

Kopierfolie oder glatte Plastikfolie
durchzupausen und neu zusam-
menzusetzen. So kann ein großer
Mund Beine kriegen, Pferde können Pizza fressen, alles ist möglich und besonders das, was Spaß
und Frohsinn verbreitet. Mögliche
andere Themen: neue Lebensfor-
men aus dem All, Geisterzug, Be-
such von anderen Planeten usw.

Unterwasserszene

Eine Plastikflasche wird umfunktioniert zu einem
U-Boot. Ein ausgeschnittener Flaschenboden
wird zu einem Seestern, Fische entstehen aus
geknüllter, Algen und Tintenfische aus geflochte-
ner Folie usw. Die normalen Dinge werden in
einen neuen Zusammenhang gestellt und verändert. Auf einen mit Folie bespannten Rahmen
geklebt, ergeben sie fantastische Szenen.

Fabelwesen dringen durchs Fenster

Halbe Plastikflaschen oder durchsichtige
Plastikbecher werden in Verbindung mit ande-
ren Verpackungsmaterialien und mithilfe von
Blumendraht zu Lebewesen arrangiert.

Jahreszeitenuhr

Aus Astholz wird ein Rahmen erstellt. Innen wird eine Kreuzform aus Ästen angebracht. In die so entstandenen vier Teile des Rahmens werden aus unterschiedlichen Materialien die Jahreszeiten thematisiert. In die Mitte wird eine selbst erstellte Uhr mit Zeigern gesteckt.

Für kleinere Kinder

Zusammenstecken von einzelnen Figuren macht auch den Kleinen Spaß. Vielleicht kommen sie in ihrem kindlichen Humor selber auf „komische Figuren", dann kann gemeinsam gelacht werden.

Handwerklicher Aspekte

• Schneiden von verschiedenen Materialien.
• Kleben, binden und knoten.
• Malen mit der Hand und mit Pinseln.
• Flechten und winden von Draht.

Kreative Aspekte

• Finden von ungewöhnlichen Gedankenverbindungen.
• Umdenken, neu formen, rearrangieren, modifizieren.
• Kreative Prozesse erleben und umsetzen.

Lichtbilder à la Picasso

Transparenter Schaffensprozess

Picasso hat der Welt ein Vermächtnis hinterlassen. In einem Film zeigt der Künstler Einblicke in seinen Schaffensprozess: Er malt vor dem Zuschauer auf eine Glasscheibe. Er fängt an, malt übereinander, verändert, zerstört, wiederholt, zerstückelt und fängt von vorne an, bis das Bild seinen Vorstellungen entspricht. Er bemalt Vorder- und Rückseite der Glasscheibe, und der Zuschauer kann alles genau verfolgen. Diese Aktion ist der Anlass, großflächige Fensterbilder auf Folie zu erstellen. Dabei ist Partnerarbeit, Teamarbeit und Einzelarbeit möglich.

Beobachten und erraten

Es arbeiten zwei Kinder zusammen. Jedes denkt sich ein ungewöhnliches Begriffspaar aus, etwa die Wortschöpfung „Gartenohrenhalter" oder „Sonnenameisentausendfuß". Solche Wortkombinationen sollen gemalt werden, wobei der Partner, der den Begriff nicht kennt, den Malvorgang, also den Schaffensprozess, beobachtet und den Begriff errät.

Kleistermalerei

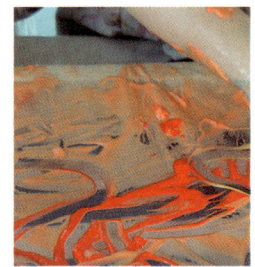

Die Folie wird mit Kleister eingestrichen und man fängt an, Farben aufzutragen und mit den Händen über die Oberfläche gleitend zu malen.

Kontaktaufnahme durch die Folie

Es wird von beiden Seiten in Kleistertechnik in großen Formen aus dem Atmen heraus gemalt. Die Partner können sich durch die Folie beim Malen berühren. Die Folie schwingt und gibt nach bei der Arbeit.

Weitermalen

Es wird mit allen möglichen Utensilien wie Pappspachtel, Schwämmen, Tüchern gemalt und gedruckt. Die entstandenen Spuren laden zum fantasievollen Weitergestalten ein.

Bilder der Außenwelt

Durch großformatige, selbst gebastelte Folienrahmen ist es möglich, Teilansichten von „außen" nach „innen" zu holen. Der Folienrahmen wird vor ein Fenster gestellt und zum

Beispiel ein blühender Baum hinter einem Zaun im Garten durchgezeichnet. Viele Maler im Mittelalter bedienten sich dieser Technik, um perspektivisch genaue Zeichnungen zu erhalten.

Für kleinere Kinder

Mit Händen und Füßen, ja dem ganzen Körper in Kleister und Farben matschen und patschen zu dürfen, ist ein Erlebnis der besonderen Art. Als Farbe nimmt man ungiftige Speisefarbe und als Unterlage eine große Folie auf dem Boden.

Handwerklicher Aspekt
• Bauen und bespannen eines großen Rahmens.

Kreative Aspekte
• Kommunikation und Austausch von Ideen.
• Gegenseitiges Anregen.
• Zusammenwirken an einem Bild.
• Bilden von Assoziationen, intuitiven Bildern, Stimmungen und Gefühlen

Vorhänge aus Licht und Farbe

Neue Dimensionen des Lichts

Vorhänge befinden sich zwischen der Glasscheibe des Fensters und dem Raum. Sie haben meist die Funktion bei Sonnenlicht abzudunkeln oder den Blick von außen abzuschirmen.

Fensterbilder, als Vorhänge gestaltet, erfüllen den Raum mit ihrem diffusen, farbigen Licht. Der direkte Blick nach außen ist wie mit einem Netz verdeckt. Bei Dunkelheit erstrahlen sie durch den beleuchteten Raum nach außen in die Nacht ähnlich den beleuchteten Schaufenstern zur Weihnachtszeit.

Der große Folienfaltenwurf

Eine große Anstreicherfolie wird über einen Stock geschwungen und mit allerlei Materialien und Farben bemalt und beklebt. Als Themen sind möglich: „Ein Fastnachtszug geht vorbei", „Märchenlandschaften", „Der Weihnachtsmann fliegt auf seinem Schlitten vorbei" etc.

Webvorhänge

Auf einem großen Rahmen, der mit Maschendraht oder ein paar Drahtfäden bespannt ist, werden aus Plastiktütenstreifen Motive gewebt. Durchscheinende Stoffe und Spitzen werden zusammen mit Naturmaterialien verarbeitet und zu einem abstrakten Gemälde gestaltet. Durch die Lichtdurchlässigkeit erscheinen die Zwischenräume der Fäden wie gewebtes Licht.

Anstreichersieb

Ein Sieb zum Abstreichen von Farbe wird in bunter Abwechslung mit verschiedenfarbigen Folienstreifen bewebt.

Schnittmuster

Eine Folie wird mit Schnitten versehen, durch die anschließend quer und längs hindurch gewebt wird.

Dreiecksverhältnisse

Der dünne Drahtbügel wird nach unten auseinander gezogen, sodass eine Rautenform entsteht. Mit Haushaltsfolie mehrfach umwickelt, ergibt sich eine optimale Grundlage für vielfältige Gestaltungsmöglichkeiten: mit Farbe, CD-Stücken, Kordel, Naturmaterialien usw. Der Fantasie sind keine Grenzen gesetzt.

Als Objekte können sie an ein Netz im Eingangsbereich, im Flur vor Lichtquellen, am Fenster untereinander oder in großen Formen zusammengestellt arrangiert werden.

Für kleinere Kinder

Große, bunte Vorhänge, die mit Farben bemalt und mit transparenten Materialien beklebt werden, eignen sich besonders für Teamarbeit, an der auch kleinere Kinder teilnehmen können. Die Aufgaben werden verteilt, vom Sichten und Sortieren des Materials über das Zurechtschneiden, mit Kleister bestreichen und Anreichen der Teile bis zum Umsetzen verschiedener Motive durch Bemalen oder Aufkleben. Alle werden integriert und so entsteht ein Gemeinschaftswerk, zu dem Große wie Kleine gleichermaßen beigetragen haben.

Trinkhalm-Überraschungen

Die Kombinationsmöglichkeiten der Halme

Die Faszination beginnt mit dem Kauf dieser
in zarten Farbtönen gehaltenen wunderbaren
Erinnerungen aus der Kindheit: Nach dem
Sonntagsspaziergang mit den Eltern gab es in
einem Gartenlokal süße gelbliche, rosa oder
zartgrüne Limonade mit den heiß begehrten
Trinkhalmen. Kaum war die Limonade ausge-
trunken, da begann für uns Kinder die ersehnte
Zeit des Spielens mit den Trinkhalmen. Sie
wurden verformt, zerdrückt, gebogen und ineinander gesteckt, bis ganz lange Trinkhalme
entstanden. Spielen mit Trinkhalmen ist ein
Vergnügen, das fast kein Ende kennt. Die Kom-
binationsmöglichkeiten der Halme mit den
unterschiedlichen Farbtönen sind grenzenlos.
Ans Licht im Fenster gehalten, erscheinen die
zarten Gebilde wie Neonobjekte.
Es gibt tausend Möglichkeiten, die Trinkhalme
zu variieren und zu kombinieren. Die leichten
Objekte bewegen sich im Wind und zaubern
eine helle und friedliche Atmosphäre.

Neonröhren
Mehrere Halme werden ineinander gesteckt zu
einer langen Röhre. Am Ende wird der letzte
Halm im Knickteil umgebogen und man führt
die Reihe zurück, sodass ein Bogen an beiden
Enden entsteht.

Ketten
Es werden Dreiecke, Vierecke und Häuser durch
Stecken geformt. Die Gebilde können ineinan-
der verwoben zu langen Ketten gesteckt werden.

Rahmenobjekte

Die Grundformen aus
rechteckig zusammen-
gesteckten Trinkhalmen
dienen als leichte Rah-
men. Feine Glöckchen,
kleine Folienobjekte
und klein geschnittene
Trinkhalme werden
darin aufgehängt. Die Trinkhalme erklingen
leise im Wind und klingen je nach Länge der
Halme in höheren oder tieferen Tonlagen.

Große plastische Objekte
Die Halme werden zu beliebigen Formen zu-
sammengesteckt und anschließend zu einem
Bündel zusammengebunden.

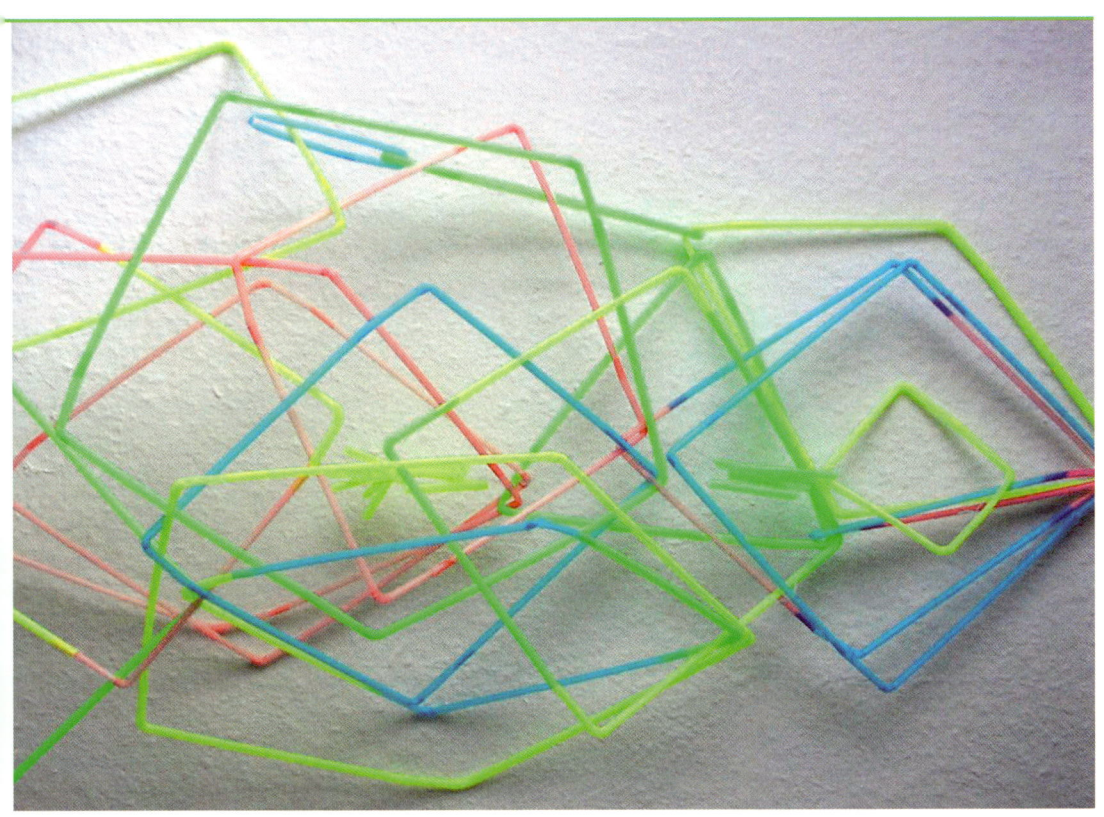

Raum- oder Eingangsdekoration

An ein Netz an der Decke werden unterschiedliche Figuren und Formen aus Trinkhalmen ver-
schieden hoch gehängt.

Für kleinere Kinder

Kleine Kinder sind von der Stecktechnik sehr
angetan: Sie stecken gerne Dinge ineinander,
„bis sie passen". Man sollte die langen Halme
kürzer schneiden und ein Steckspiel daraus
machen.

Handwerkliche Aspekte
- Stecken und hängen.
- Knoten und binden.

Kreative Aspekte
- Kombinieren, erfinden von Formen.
- Ideenblitze verwirklichen.
- Neu arrangieren, Formveränderungen.

Aufstellung der verwendeten Materialien, Hilfsmittel und Werkzeuge

- Anstreicherfolie, dick und dünn
- Abtön- oder Plakafarben
- Mülltüten
- Speisefarben und Ostereierfarben
- Hauhaltsfolie
- dünne und dicke Pinsel
- Drahtkleiderbügel
- Plastiktüten, bunt und mit Motiven
- Wassertöpfchen und Lappen
- Plastikschnellhefter
- Garn und Restwolle
- Tischsets
- Kordel und Nylonschnur
- Toilettenpapierrollen
- Nadeln dick und dünn
- Rollen von Haushaltstüchern
- Haushaltsschere
- dünnwandige Plastikflaschen, bunt
- kleine Schere
- Obstnetze
- Schaschlikstäbchen
- Klebstoffe in Stiften und Tuben
- Trinkhalme aus Plastik
- Kleister und Holzleim
- bunte Plastikklammern
- Tesafilm und Kreppklebeband
- Gold- und Silberpapierreste
- dünne Latte oder Lineal
- durchsichtige Schachteln und Verpackungen
- Nägel versch. Länge und Dicke
- CDs
- gehobelte, dünne Dachlatten
- Kuchensets mit Spitzen
- Hammer, Zange, Feinsäge
- Schmirgelpapier
- leere Kreppklebebandrollen
- Tacker mit Klammern
- Geschenkpapierreste
- Butterbrotpapier
- durchsichtige Plastikbecher
- Servietten
- buntes Plastikgeschirr
- bunter Fotokarton
- große weiße Pappen
- Gläser
- alte Spiegel
- Kaninchendraht, Blumendraht
- Eierkartons
- Federn
- bunte Glaskugeln
- kleine Glöckchen
- Apfelsinenkisten, groß und klein

Dankeschön!

Herzlichen Dank für ihre Unterstützung und Mitarbeit an:
- Integrative Kindertagesstätte „Sommersprossen", Köln
- Berufskolleg Michalelshoven mit den Schüler/innen der Fachschule für Sozialpädagogik und der Kinderpflege
- Familie Nettesheim mit dem kleinen Robin
- Kölner Institut für Kulturarbeit und Weiterbildung, Nebenberufliche Weiterbildung zum/r Kunstpädagogen/in

Impressum

Alle Rechte vorbehalten – Printed in Germany
© Verlag Herder Freiburg im Breisgau 2003
www.herder.de
Umschlaggestaltung und Layoutentwurf:
R·M·E Roland Eschlbeck/Rosemarie Kreuzer
Layout und Produktion: art und weise, Merzhausen
Fotos und Zeichnungen: Michaela Jordan
Redaktion: Martin Stiefenhofer
Herstellung: fgb – freiburger graphische betriebe 2003
www.fgb.de

ISBN 3-451-27132-X